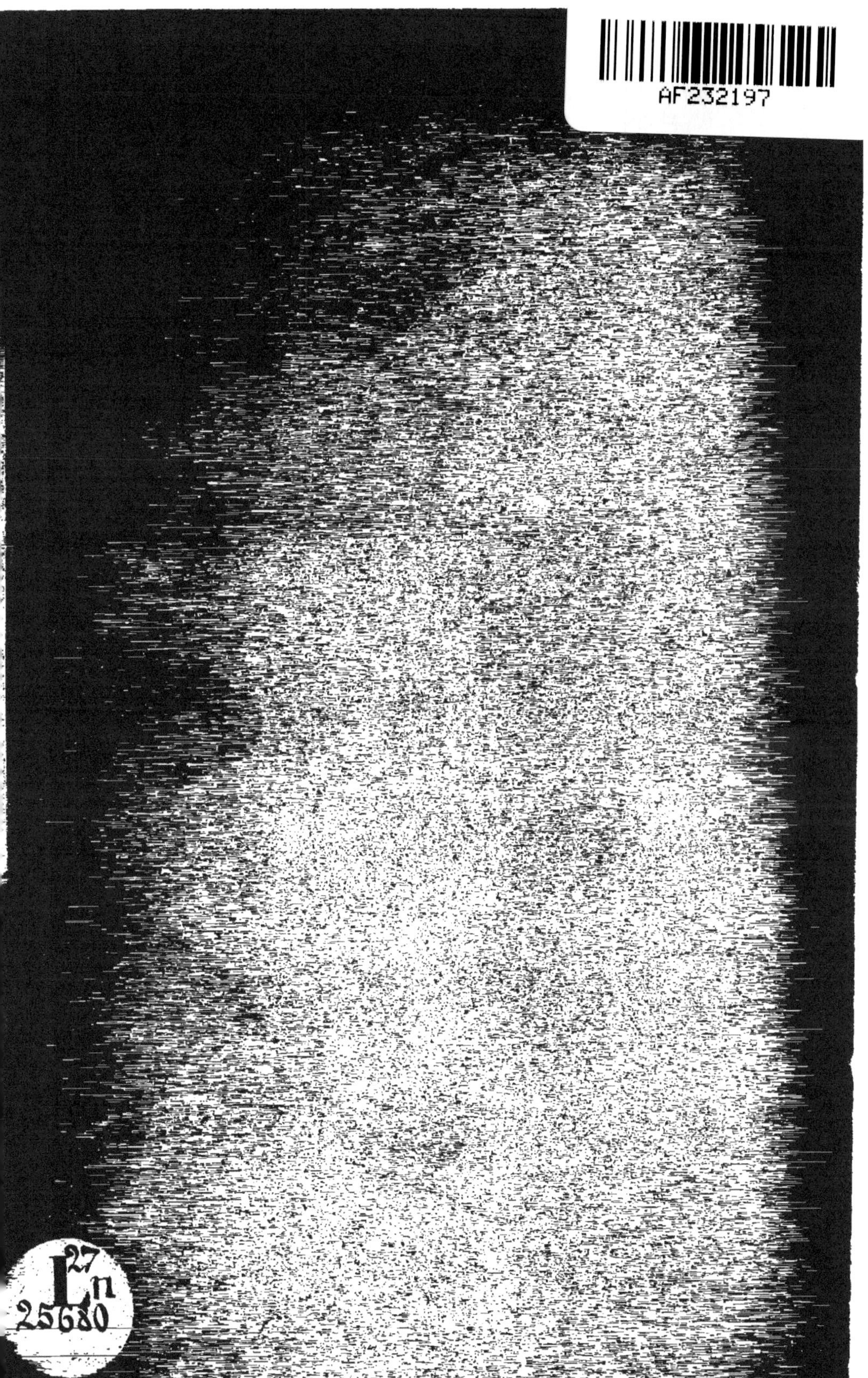

SIMPLE EXPOSÉ

PAR

M. REY (François-Marie)

MAIRE DE LA VILLE DE COURTHÉZON (Vaucluse).

MARSEILLE

TYPOGRAPHIE MARIUS OLIVE

RUE PARADIS, 68.

1870

SIMPLE EXPOSÉ

PAR

M. REY (François-Marie)

Maire de la ville de Courthézon (Vaucluse).

M. Peghoux, percepteur des contributions directes à Auch (Gers), y était devenu insupportable à cause de ses mauvais traitements, poussés jusqu'aux dernières extrémités, envers les contribuables. Au mois de septembre 1864, il fut déplacé de cette résidence pour remplir les mêmes fonctions à Courthézon, perception d'une moindre importance.

Cette disgrâce ne modifia en rien le caractère insupportable de M. Peghoux ; il paraît, au contraire, qu'il voulut se rendre plus odieux encore dans cette dernière commune, car sa conduite fut telle que, malgré le tempérament calme et doux de sa population, elle devint irritée au dernier point contre lui. Aussi des plaintes à cet égard m'arrivaient de toutes parts ; je ne pouvais plus passer dans une rue sans être arrêté par quelques contribuables réclamant mon intervention.

S'il est vrai qu'il n'y a pas d'effet sans cause, c'est surtout dans cette circonstance, comme on va le voir :

M. Peghoux, receveur de la commune, de l'hospice et de quatre syndicats, ne permettait ni au maire, ni à l'ordonnateur des hospices, ni aux directeurs des associations syndicales, de vérifier ses comptes, chacun en ce qui les concernait.

Il ne voulait pas que sa comptabilité pût être contrôlée par qui de droit (1).

Il se plaisait, surtout, à faire courir ceux qui avaient des comptes à régler avec lui, et lorsqu'un contribuable d'une commune voisine venait à Courthézon pour payer des impositions, il était bien rare qu'il ne l'obligeât pas à retourner une seconde fois.

Quand on lui présentait un mandat, il trouvait un prétexte quelconque pour ne pas le payer d'abord, et le porteur s'estimait heureux lorsqu'à la seconde visite il en obtenait paiement.

M. Peghoux était hautain jusqu'à l'insolence et très-brutal (2).

En ma qualité de maire, il était de mon devoir de signaler à M. le Préfet de Vaucluse cette conduite plus qu'extraordinaire, dont les odieux procédés indignaient notre population tout entière; elle ne comprenait pas que le gouvernement accordât plus longtemps sa confiance à un agent qui le servait si mal.

Je dénonçai donc à M. le Préfet ce qui se passait et lui de-

---

(1) Ces faits sont constatés par toutes les lettres à M. le Préfet qui sont au dossier. Ce fut à l'occasion de cette manière anormale de rendre des comptes, que je refusai d'y donner mon approbation. Je devais d'autant plus refuser, que d'autres fois j'avais eu à regretter d'avoir signé des pièces avec trop de confiance.

Cependant Monsieur le Préfet, donnant droit à l'arbitraire du percepteur, m'engagea, de la manière la plus pressante, à signer toutes les pièces présentées par M. Peghoux, me disant qu'elles avaient été examinées par la trésorerie. Pour ne pas paraître hostile, je signai alors un arriéré volumineux.

Que penser d'un Préfet qui administre ainsi les affaires de son département ?

(2) La délibération du Conseil municipal de Courthézon, du 10 fevrier 1867, mentionne qu'il a craché au visage d'un vieillard.

Cette action indigne eut les conséquences les plus déplorables : cet homme ne put survivre à cet outrage; il mourut de chagrin de n'avoir pas pu s'en venger.

mandai le changement de **M.** Peghoux d'une résidence où ce dernier n'avait su qu'amener la confusion et semer le désordre.

Le premier magistrat du département ne crut pas devoir porter la moindre attention à mes réclamations, faites à diverses reprises.

Cet abandon dans lequel **M.** le **Préfet** me laissait, était pris pour du mépris et me nuisait sensiblement en ma qualité de maire, me déconsidérait aux yeux de mes administrés qui, durant le long et laborieux exercice de mes fonctions, avaient été habitués à voir toutes mes démarches favorablement accueillies par l'administration supérieure. Il me déconsidérait d'autant plus, qu'il me plaçait au-dessous de **M.** Peghoux, percepteur, qui avait encouru la réprobation universelle, non-seulement à Courthézon, mais ailleurs.

Je réitérai mes plaintes avec plus d'instances; en même temps, des plaintes analogues assiégeaient **M.** le Préfet de tous les côtés.

Les copies de quelques lettres et délibérations, démontrent assez combien peu je suis resté inactif; mais j'ai été bien plus pressant encore dans les nombreuses visites que je faisais personnellement à **M.** le Préfet, et dont il ne restait pas trace.

Toujours même silence de la part de ce magistrat, même approbation tacite de la conduite inqualifiable du percepteur Peghoux qui, sûr de l'impunité, se livrait d'autant plus aux excès de ses mauvais penchants. Comme on va le voir, ses débordements n'avaient plus de limites.

Se sentant vulnérable à divers titres, il imagina un moyen simple de se justifier tout d'un coup, en supposant une déclaration par laquelle je reconnaissais faux tout ce qui avait été dit et fait contre lui et où je lui faisais amende honorable!... Poussant l'impudence au dernier point, il fit imprimer cet écrit diffamatoire, puis il le distribua à profusion ; il y fait figurer ma signature. et pourtant je n'ai rien signé !

La simple lecture de cette pièce dit assez qu'elle ne peut être mon ouvrage ; le bon sens le plus vulgaire jugerait que, même à la suite d'explications préalables, ce qui n'a jamais eu lieu, je n'aurais pu consentir à réhabiliter M. Peghoux, surtout dans les termes et les expressions employés ; il ne le méritait sous aucun rapport.

Pour donner à cette pièce une apparence d'authenticité, il prit la précaution de la faire enregistrer ; mais il négligea une formalité qui eût été bien plus utile : celle de la légalisation de ma signature (1).

Des exemplaires de cette extraordinaire déclaration imprimée, se trouvent au dossier sous le n° 11.

Je ne pouvais rester indifférent à ce nouveau trait d'audace et de vengeance de la part de M. Peghoux ; je déposai immédiatement au parquet du Tribunal de première instance d'Avignon, une plainte contre lui ; M. le procureur impérial m'assura que cette affaire serait vidée dans quinze jours.

Mais les destins et les flots sont changeants !....

A l'expiration de ces quinze jours , M. le procureur impérial m'engagea à poursuivre moi-même M. Peghoux, parce qu'ainsi il aurait ses coudées plus franches pour appuyer ma plainte !...

N'est-il pas évident qu'une influence bien supérieure à celle

(1) Je me réserve d'en faire l'examen ; jusqu'alors je dois la supposer fausse.

Il n'y aurait qu'un cas où elle aurait pu m'être surprise ; avec M. Peghoux on peut supposer tout.

Dans le volumineux paquet de pièces que je dus signer de confiance, suivant les désirs de M. le Préfet, le percepteur aurait pu glisser une feuille en blanc, au recto, présentant seulement le verso à signer, pour être ensuite remplie par lui, à plaisir. Ce n'aurait pu être que par cette manière subreptice qu'il aurait pu obtenir ma signature. Car je n'aurais jamais consenti à reconnaître les platitudes et les bassesses qui me sont attribuées par M. Peghoux.

Mais cela étant, il y aurait toujours faux matériel depuis le premier jusqu'au dernier mot de cette incroyable déclaration.

de M. Peghoux gênait l'initiative de M. le procureur impérial?

Les choses en restèrent là, provisoirement, quant à l'action judiciaire.

Je m'adressai alors à M. le Préfet, en lui demandant l'autorisation de poursuivre en justice mon calomniateur, pour ne pas dire plus.

Cette demande écrite étant restée sans réponse, je la renouvelai plusieurs fois de vive voix ; mais je n'ai jamais obtenu que des promesses restées toujours sans effet. M. Pamard, notre député, qui eut la bonté de s'intéresser à moi, ne put obtenir davantage, malgré ses nombreuses démarches auprès de M. le Préfet.

Expliquera qui pourra ce silence obstiné de la part de ce magistrat ; pour moi, je dis que c'est chose inouïe ; qu'un pareil procédé ne s'est jamais vu !!... toute lettre mérite réponse, surtout entre administrateurs et pour des faits aussi graves que ceux dont il s'agissait. C'était un parti pris de me refuser tout concours et toute satisfaction au mépris du droit et de la justice.

Non-seulement M. le préfet n'a jamais voulu me permettre de poursuivre M. Peghoux, mais encore il a entouré un homme pareil de toute sa protection !!!

En même temps, dans le but de me déprécier dans l'esprit de la population, il a saisi toutes les occasions de me vexer par ses refus constants à mes demandes les plus justes dans l'intérêt de mes administrés, et si la preuve de ce que j'avance ne se voyait pas clairement dans l'exposé qui précède, elle ressortirait, de la maniere la plus éclatante du fait suivant, à la suite duquel son mauvais vouloir envers moi s'est accru, au mépris même de ses premiers devoirs, comme fonctionnaire, et au grand préjudice des intérêts de l'Etat, contre lesquels il n'a pas craint de se mettre en opposition directe.

Au premier tour de scrutin des dernières élections au

Corps législatif, M. Fernand de Brucher, légitimiste entêté, opposé corps et âme aux vues du gouvernement, fit, personnellement, le tour des campagnes pour engager les électeurs à s'abstenir ; par ruse et par des promesses qu'il savait bien ne pouvoir pas tenir, il leur faisait entendre qu'il était dans l'intérêt du pays de ne pas voter pour M. Millet.

Instruit de ce fait, je fis dresser, contre M. de Brucher, un procès-verbal, et j'en donnai aussitôt avis à M. le Préfet.

Celui-ci, au lieu de laisser donner suite à ce procès-verbal, ce qui eût produit le meilleur effet et ce qui, d'ailleurs, était son premier devoir, laissa l'affaire impoursuivie, ce qui fit croire, dans le pays, que M. de Brucher avait promis son concours pour l'élection de M. Millet.

Dans l'aveuglement de son ressentiment envers moi, M. le Préfet eut, ce qui paraîtra incroyable, la pensée de se débarasser de moi, par une sorte de pression, au risque de compromettre par là, son autorité et sa dignité, comme premier magistrat du département.

Ce qui est digne de remarque, c'est le mode d'agir de M. le Préfet à mon égard, il trouva bientôt le moyen d'aller vite en besogne : sans perte de temps, il m'expédie une dépêche par laquelle il m'invite à me rendre immédiatement à la préfecture. Cette dépêche m'arriva à sept heures du soir, une heure après le passage du train du chemin de fer pour Avignon. Cependant croyant qu'il fut question d'un cas de haute importance, je me rendis à cette invitation, malgré l'heure indue (1); quellene fut pas ma surprise en voyant qu'il s'agissait, tout simplement, pour M. le Préfet, d'être agréable à

---

(1) Il paraît que M. le Préfet était en proie à un accès d'impatience fiévreuse, car une seconde dépêche fut lancée pendant mon trajet de Courthézon à Avignon, au cœur de la nuit. Il était minuit lorsque j'arrivai à la préfecture.

Quel disparate entre ce qui m'était refusé et l'empressement mis à me faire remplacer.

M. de Brucher, à mon entier détriment et sans le moindre profit pour l'Etat : au contraire !

En effet, M. le Préfet m'engagea à donner ma démission, me promettant comme compensation, de me faire décorer à l'époque du 15 août.

Je remerciai beauconp M. le Préfet de ce témoignage de son estime, et j'ajoutai que si telles eussent été mes aspirations, j'aurais eu la décoration depuis longtemps ; c'était de droit et de bonne justice, puisque j'étais maire de Courthezon depuis plus de vingt-six ans, sans interruption ; mais que j'avais accepté cette dignité dans l'intérêt seul du pays et non dans l'espoir d'une récompense ; que, dans toutes les élections et sous tous les régimes, les électeurs m'avaient accordé leurs suffrages à l'unanimité ; que je leur devais au moins, en échange, de poursuivre ma carrière jusqu'aux prochaines élections municipales.

Ce refus formel de donner ma démission n'a fait, comme je l'ai dit plus haut, qu'augmenter le mauvais vouloir, la colère même de M. le Préfet envers moi.

Ce conflit, regrettable à tous égards, qui s'est élevé entre M. le Préfet et moi, paraîtra plus qu'extraordinaire, car enfin il ne s'est agi, dans tout cela, que de plaintes portées depuis bien longtemps et souvent réitérées, contre M. Peghoux, et toujours éludées par M. le Préfet ; on se demandera comment il a pu se faire qu'un percepteur, compromis tant de fois au suprême degré, ait été soutenu contre toutes les diverses administrations d'une commune ayant une certaine importance, et contre le maire, en particulier, jusqu'au point d'y porter la discorde et de détruire l'harmonie qui avait toujours existé dans ses rapports avec la préfecture.

Ce qu'il y a de certain, c'est que la faute ne saurait m'en être attribuée, car je n'ai agi que lorsqu'il n'y avait plus moyen de tolérer plus longtemps les actes et la conduite inqualifiables de M. Peghoux.

Quels sont donc les motifs secrets et les influences assez puissantes qui ont entouré ce percepteur et qui l'ont autorisé à compter sur une éternelle impunité ?

Si ces causes ne sont pas connues, il est permis de les supposer, non sans quelques signes d'apparence : .

M. le Préfet Bohat est beau-frère de M. Rouher, ancien ministre et actuellement président du sénat ;

M. Rouher est voisin de campagne avec la mère de Peghoux.

Ne pourrait-il pas se faire que, de cette parenté et de ce voisinage , fussent nées entre ces familles des relations intimes et des promesses de protection qui ne permettaient pas à M. le Préfet Bohat de se montrer trop sévère envers M. le percepteur Peghoux? C'est là la version la plus accréditée.

Mais il ne doit y avoir personne au-dessus de la loi ; la justice est égale pour tous, j'y ai foi et j'espère que je ne rencontrerai pas le déni que j'ai eu à subir, pendant si longtemps, de la part de M. le Préfet ; c'est bien la moindre des choses que le Conseil d'Etat me permette de traduire devant les Tribunaux mon calomniateur, mon diffamateur.

En ce qui concerne ce dernier, le percepteur Peghoux, s'il a été toléré, soutenu même, dans ses méfaits et ses exactions, par de hautes influences, ces faveurs incompréhensibles n'ont pas effacé de la mémoire des habitants de Courthézon les odieux souvenirs qu'il a laissés parmi eux ; en voici un exemple :

Il y a quelques mois, ce comptable fit soumettre à la signature des membres des diverses administrations dont il avait été le receveur, des certificats de *quitus*, à l'effet de pouvoir retirer son cautionnement.

Personne ne voulut signer ces certificats, attendu que M. Peghoux n'avait pas permis que ses comptes fussent vérifiés.

M. le Préfet réclama à son tour ces signatures en faveur de son protégé, mais il éprouva le même refus.

Ce magistrat imagina alors de les obtenir par l'intermédiaire de M. le commissaire de police, ce qui finit par lui réussir, car, après bien des refus, les membres de ces administrations, fatigués de recevoir la visite de ce fonctionnaire, toujours redouté dans les petites localités, ne trouvèrent rien de mieux, pour s'en débarrasser, que de signer ces certificats de *quitus*.

Nouvelles irrégularités ordonnées par M. Bohat.

F^s REY,

Maire de Courthézon.

OPINION

ET

TÉMOIGNAGE D'UN CONSEILLER MUNICIPAL

SUR

M. REY, maire de Courthézon

ET

QUELQUES MOTS SUR L'AFFAIRE PEGHOUX.

Homme de bien, intègre et bienveillant, doux, délicat et probe, s'il en fût, et très-conciliant.

Dévoué aux intérêts de sa commune pour laquelle il a fait souvent de grands sacrifices personnels. Enfin, dans sa longue carrière, comme magistrat, aussi bien que dans sa vie entière, il est impossible qu'on puisse lui reprocher, non-seulement une action, mais encore la moindre intention répréhensible; l'amour du bien et de la justice a toujours été son penchant dominant.

Nommé conseiller municipal le 29 mai 1842, et adjoint le 27 septembre de la même année, il devint maire par ordonnance royale du 30 Octobre 1843. Depuis lors il fut réélu à l'unanimité, à chaque élection municipale.

Aux élections générales pour le Corps législatif, ses administrés votèrent toujours avec lui, jusqu'à ses dissidences avec M. le Préfet, à l'occasion des plaintes portées contre M. Peghoux, dissidences provoquées par M. le Préfet lui-même.

En 1848, il sut maintenir le bon ordre, malgré l'agitation des passions populaires à cette époque critique.

De nombreuses améliorations et des créations nouvelles très-utiles dans sa commune, lui sont dues.

Vingt-quatre kilomètres de chemins vicinaux, impraticables avant 1843, ont été, de 1843 à 1848 , rectifiés et mis en parfait état de viabilité.

En 1849, l'instruction primaire a été rendue gratuite, et la commune a acquis, plus tard, la maison la mieux placée, la mieux construite et la mieux adaptée du pays pour cette destination , et cela, sans le secours du gouvernement ni d'aucune imposition extraordinaire.

De 1850 à 1853 il a été percé des rues ; beaucoup d'autres ont été rectifiées, et celles où les voitures ne pouvaient passer ont été rendues viables ; enfin, pour compléter ce qui pouvait faciliter la circulation, il a été établi un boulevard.

En 1854, il fut fait l'avenue de la gare du chemin de fer et celle de la Clède.

En 1855 eut lieu la plus belle création qu'un pays puisse ambitionner, autant sous le rapport de l'utilité et de l'agrément que sous le rapport hygiénique. Courthézon était presque dépourvue d'eau jaillissante : M. le Maire eut la pensée de remédier à cet inconvénient, en y faisant arriver l'eau d'une excellente source qui se trouve à une certaine distance de la ville et dans son territoire ; par ce fait , le pays possède actuellement une quinzaine de belles fontaines publiques et près de deux cents fontaines particulières.

Ces avantages que bien des villes seraient heureuses de pouvoir se procurer, même au prix de sommes considérables, furent obtenus au moyen des seules ressources communales, sans aggravation pour les contribuables.

De 1861 à 1863, la transformation de toutes les rues a été achevée, en sorte que, maintenant, les voitures peuvent circuler partout, dans tous les sens. La Cour de François Ier, à l'Hôtel de ville, a été réparée, et il a été fait à ce même Hôtel de ville , dont une portion s'était écroulée , une grande réparation pour maintenir debout l'autre moitié, qui menaçait ruine.

En 1864, il fut fait un cimetière très-spacieux, dans les meilleures conditions.

En 1866, le cours Besson fut élargi ; le fossé qui le longe et dont l'eau stagnante exhalait des miasmes nuisibles à la santé, fut recouvert.

Et l'école des filles qui fait, depuis si longtemps, l'objet de sa sollicitude ! Ce projet est encore à l'étude, il est vrai, mais il aurait dû, déjà, être mis à exécution puisque les moyens financiers avaient été réalisés.

Quelle est la cause de ce retard ?

C'est que le dossier de ce projet repose encore paisiblement dans les cartons de la Préfecture, et ceci a pour cause le dissentiment survenu entre M. le Préfet et le Maire, à l'occasion des plaintes portées contre le percepteur Peghoux.

Le budget de la commune ne parle pas moins éloquemment que tout ce qui précède :

Lors de l'arrivée de M. Rey à la tête de l'administration municipale, il ne s'élevait qu'à 11,000 francs. — Il dépasse aujourd'hui ce chiffre de beaucoup, malgré la suppression des octrois depuis le commencement de 1869, et bien que le produit des centimes additionnels qui les a remplacés soit inférieur au rendement de l'octroi.

Cependant, pour toutes ces améliorations d'une utilité publique incontestable, il a fallu faire de grandes dépenses ! Comment a-t-on pu y pourvoir ?

Il a été dit déjà que c'était avec les seules ressources communales.

La plus importante se trouva dans la vente de quatre cents

hectares de terrains hermès appartenant à la commune et dont elle ne retirait aucun produit. Le prix de ces terrains incultes a servi à doter le pays d'une foule d'avantages qui resteront comme un monument durable des bienfaits dont la population sera redevable au Maire actuel.

Mais outre cet avantage considérable d'avoir fourni les moyens d'exécution de tant d'améliorations utiles, il en est d'autres d'une grande portée :

Les conditions du cahier des charges pour la vente de ces champs incultes, sagement combinées, ne permirent pas aux spéculateurs d'en faire l'acquisition; l'administration locale eut l'attention de réserver aux cultivateurs seuls, la convenance d'acheter un ou plusieurs lots de ce morcellement très-divisé, au moyen des termes de paiement qu'elle accorda, ce qui lui réussit pleinement. Ceux-ci acquirent, en effet; ils se mirent à l'œuvre, et dans peu, toute cette contrée fut transformée ; au lieu de champs stériles, on voit de beaux vignobles qui augmentent la richesse territoriale.

Enfin le Maire, M. Rey, a, de tout temps, saisi toutes les occasions de faire tout ce qui pouvait être profitable à la population, tant sous le rapport matériel que sous le rapport intellectuel et moral.

Qui pourrait dire toute la peine qu'il se donna pour obtenir que le chemin de fer passât dans la commune, afin que, si elle perdait les avantages que lui donnait le roulage, elle trouvât une compensation dans une station de la voie ferrée. Il fit délibérer les conseils municipaux des localités circonvoisines qui, toutes, avaient un intérêt identique.

L'intérêt de l'administration du chemin de fer était plus manifeste encore, parce que le tracé primitif, par Châteauneuf, n'offrait aucune ressource. Cette localité, bornée, d'un côté par le Rhône, et de l'autre par une chaîne de montagnes, reste isolée et inaccessible pour toute la partie de la vallée de l'Ouvèze qui amène à Courthézon beaucoup de voyageurs et de marchandises.

M. le Maire se rendit à Paris et fit si bien sentir ces avantages réciproques, que M. Talabot fut convaincu; il fit faire de nouvelles études à la suite desquelles la station de Courthézon fut décidée.

La musique qu'il avait si bien organisée et équipée et qui a obtenu un prix d'excellence, de quel avantage n'était-elle pas pour Courthézon? — Outre l'éclat qu'elle donnait à ses fêtes publiques, religieuses et profanes, elle avait un excellent côté. C'est que la masse des jeunes gens qui ne faisaient point partie de ce corps de musique, délaissaient les cafés pour assister aux répétitions, ce qui entretenait un esprit d'union entre eux.

L'orphéon, qui a été couronné tant de fois!

La compagnie de sapeurs-pompiers, qu'il n'avait pas créée, il est vrai, mais qu'il avait complétement organisée, équipée et pourvue de tout le nécessaire pour que son fonctionnement ne laissât rien à desirer dans les cas d'incendie!

Toutes ces institutions auxquelles la morale et la concorde étaient intéressées, entretenaient l'union parmi plus de cent cinquante familles, et permettaient de donner des fêtes brillantes et bien ordonnées qui attiraient un nombre considérable d'étrangers.

Enfin le désir le plus ardent de M. le Maire avait toujours été que la meilleure entente regnât parmi toutes les classes de la population, et il y avait réussi; on s'occupait peu de politique, sans irritation et sans haine, et aux élections, le nom qui sortait victorieux de l'urne était toujours celui d'un homme honorable, partisan du bon ordre et d'une sage liberté.

Pourquoi faut-il qu'un état de choses si heureux, si dési-

rable pour toutes les localités, ne se soit pas perpétué à Courthezon !...

Pourquoi faut-il que le fruit de tant de soins, de tant de
peines, de tant d'heureuses combinaisons, longuement réflé-
chies et sagement mûries; de tant de veilles et de si grands
sacrifices personnels ait été détruit en si peu de temps ?

La faute n'en est certainement pas à M. le Maire. Celui-ci,
en présence des faits graves dont le percepteur Peghoux s'était
rendu repréhensible ; devant les vexations, les taquineries, les
injures même, de cet agent comptable envers les contribuables qui, depuis longtemps, en avaient porté plainte à M. le
Maire et qui, voyant que ce percepteur restait dans l'impunité,
accusaient le gouvernement de ne pas faire surveiller assez ses
fonctionnaires ; en présence donc d'une telle situation, M. Rey
ne devait pas rester inactif.

Il avait déjà entretenu plusieurs fois, verbalement, M. le
Préfet de cet état de choses. Ce dernier s'était borné, jusque-
là, à des promesses sans effets. M. le Maire devint plus pressant ;
il insista, sinon pour la révocation de M. Peghoux, si fort
appuyé par des personnages considérables, du moins pour son
changement, puisqu'il était devenu impossible à Courthézon.

Dès lors M. le Préfet qui, soit par sympathie personnelle
envers le percepteur, soit à cause d'influences partant de
bien plus haut, aurait voulu qu'il fût fermé les yeux sur tout,
ne pardonna plus à M. le Maire de lui avoir résisté, et ne trou-
vant rien à pouvoir lui reprocher, il prit le parti de contrarier
tous les actes de son administration afin de le dépopulariser ;
il alla jusqu'à l'engager à donner sa démission, dans l'intention, apparemment, de confier les fonctions municipales à un
homme considéré, généralement, comme un adversaire dé-
claré des institutions gouvernementales de l'époque.

Marseille. — Typographie Marius Olive, rue Paradis, 68.

9 782012 399266